sobre o autor

Lester Bello inspira as pessoas com suas mensagens de realização pessoal há mais de quinze anos. Empresário bem-sucedido, Lester ensina princípios que têm ajudado corporações internacionais.

Atualmente é editor e fundador da Bello Group International—um grupo empresarial fundamentado em princípios de excelência e integridade. Sua fé e a paixão pelo desenvolvimento pessoal são o núcleo de seu negócio e ministério. Como mentor, treinou outros empreendedores de sucesso ao longo dos anos através de seus programas. Um de seus maiores valores é o empenho em ajudar as pessoas a alcançarem o seu potencial, para viverem uma vida próspera e cumprirem o propósito de Deus.

Lester atualmente reside em Miami, Florida, com sua esposa Roane e seus dois filhos, Solomon e Valentina.

DEVERÍAMOS SER AS PESSOAS *mais felizes* DE TODO O MUNDO

Este livro é para TODOS aqueles que acreditam que o *Criador da vida* preparou para nós um mundo cheio de *sorrisos.*

E nos deu acesso a ele.

O mundo foi criado há

6 mil

ANOS

com o propósito de proporcionar uma vida positiva para a criação humana.

Essa vida significa ser capaz de pensar positivo, falar positivamente e ser alguém positivo.

IMAGINE UM MUNDO CHEIO DE PESSOAS **POSITIVAS,**

ONDE TODOS DIZEM COISAS E TÊM IDEIAS **POSITIVAS.** ONDE QUER QUE VOCÊ VÁ, O PENSAMENTO **POSITIVO** ESTÁ NA ATMOSFERA. MESMO QUANDO OS DESAFIOS ESTÃO AO REDOR, A **POSITIVIDADE** DOMINA O AMBIENTE E DÁ VIDA ÀS SITUAÇÕES PARA SUPERAR OS D E S A F I O S QUE SE APRESENTAM.

Esse foi o propósito de Deus para a humanidade. Em Gênesis (o início dos tempos) Adão foi formado como um ser humano puro, cheio de vida, transbordante de positividade.

Uma prova disso é que o propósito de Deus para o homem era levá-lo para o mundo.

O plano era *multiplicar* a vida positiva para todos ao redor.

Você consegue
imaginar
um lugar assim?
Um mundo cheio de
pessoas positivas?

BEM,
Deus criou
esse mundo
e esse era o
seu propósito real.

O plano perfeito DO CRIADOR

era ter um mundo positivo

Os homens e mulheres criados por Deus foram feitos para

Rir,

Aproveitar a vida

e poder dar o maior dos

Sorrisos.

Jesus, Moisés e um velho...

...vão jogar golfe. O primeiro a dar a tacada é Moisés. Ele acerta a bola e ela vai para a direita, em direção ao rio, em vez de alcançar a grama. Moisés levanta o taco, as águas do rio se abrem e a bola chega até a grama. Jesus levanta-se para dar a tacada, acerta a bola e ela também vai em direção ao rio. Jesus fecha os olhos e ora. A bola quica sobre a água e cai na grama a meio metro do buraco. Chega a vez do velho, e ele dá a tacada. Parece que a bola vai cair diretamente na água, mas um peixe salta do rio e engole a bola, quando de repente uma águia vinda do céu mergulha e pega o peixe. Quando a águia voa sobre a grama, um raio a atinge, fazendo com que o peixe caia de seu bico. Quando o peixe cai na grama, ele cospe a bola e ela cai no buraco, fazendo uma jogada incrível. Jesus olha para Moisés e diz: "Acho que vou deixar meu pai em casa na próxima vez!"

Smile
(sorrir)

1. Principal expressão de prazer, simpatia ou expressão divertida; tipicamente é feito com os cantos da boca levantados e os dentes da frente expostos.

A forma orgânica de expressão do homem é o sorriso. Em outras palavras, fomos feitos para sorrir.

Se você multiplicar todas as nossas expressões na vida o resultado será uma quantidade infinita de sorrisos.

Nossa natureza foi feita para aproveitar cada pedacinho da vida.

Um sorriso é uma linguagem entendida UNIVERSALMENTE

Um sorriso pode dizer "obrigado". Um sorriso pode dizer "sinto muito". Um sorriso pode dizer que você está feliz. Um sorriso pode dizer que você está de bom humor e que você não está prestes a cortar a cabeça de alguém fora. É uma ferramenta extremamente valiosa. Não importa aonde você vá ou qual idioma as pessoas daquele lugar falem, todas as pessoas, em todos os países e culturas compreendem um sorriso e reagem a ele.

DEUS *Sorri* QUANDO OLHA PARA VOCÊ

O *Amor* DE DEUS

GEROU A CRIAÇÃO,

DANDO AO HOMEM A SUA
PRIMEIRA EXPRESSÃO,

O SORRISO.

RECEBEMOS ACESSO TOTAL A UMA VIDA LIVRE DO MEDO.

DEDIQUE TEMPO PARA VIVER O MOMENTO

MÁXIMO

D E S U A V I D A .

O AMOR *não* SE BASEIA EM COMÉRCIO OU TROCA.

O Amor do Criador simplesmente se revelou ao nos dar uma vida extraordinária, sem a necessidade de darmos nada em troca pelo que Ele fez – apenas um sorriso de agradecimento.

HÁ ALGUNS ANOS

...eu estava no meu quintal, no Brasil, com meu filho sentado em meu ombro. Comecei a falar sobre o meu amor por ele. Ele não podia me entender, mas, como pai, eu queria expressar meu amor pelo meu filho. Eu me ouvi dizendo: "Filho, o que você quiser na vida, eu vou dar a você. Sem 'se' ou 'mas', eu quero lhe dar tudo."

Na época em que eu disse isso ao meu filho, ele não tinha a capacidade de fazer algo para ganhar esse amor. Ele não agiu ou fez alguma coisa para merecer o que eu propus a ele. Não o amei em troca de algo que ele pudesse fazer por mim ou me dar.

Era simplesmente amor.

O AMOR DE Deus NÃO É CONDICIONAL

HOJE, A MAIORIA DAS PESSOAS ENFRENTA OS MESMOS PROBLEMAS:

INFELICIDADE
SOLIDÃO
DEPRESSÃO
DESGOSTO
FRUSTRAÇÃO
VERGONHA
CONSTRANGIMENTO
CULPA

AS DIFICULDADES DO DIA A DIA PODEM TER DESLIGADO SUA VIDA. O PODER DE LIGÁ-LA...

...está em você

A SOLUÇÃO

"ENCONTRE A VERDADE (O AMOR), E A VERDADE (O AMOR) O LIBERTARÁ."

DEUS *está* FELIZ.

DEUS ESTÁ SEMPRE FELIZ COM VOCÊ. ELE O LIBERTOU DE QUALQUER CONDENAÇÃO. ELE PERMITIU QUE VOCÊ FOSSE LIVRE NOVAMENTE E NÃO LEVA EM CONTA AS SUAS DECISÕES DO PASSADO, MAS APENAS AS SUAS ESCOLHAS DO PRESENTE.

Deus

...não se lembra dos seus erros passados. Ele é maior do que o amor do homem. O amor do ser humano é condicional e ele busca algo em troca. Mas Deus nos dá sem esperar receber nada em troca.

Se você entende que Deus é amor e o amor cobre uma multidão de pecado – os seus erros passados, presentes e futuros – você enxergará Deus de forma diferente. Na verdade, você começará a perceber que Ele

é muito legal.

Esta deve ser a nossa percepção de Deus:

- ☑ Extrovertido
- ☑ Legal
- ☑ Positivo
- ☑ Aventureiro
- ☑ Criativo
- ☑ Com um grande senso de humor
- ☑ Totalmente amoroso...

...e que expressa por nós o Seu grande amor de...

Criador.

O amor *nunca* falha

O amor nunca falha; mas havendo profecias, serão aniquiladas; havendo línguas, cessarão; havendo ciência, desaparecerá.

1 Coríntios 13:8

DEUS

É

Amor

EM TODO OS MOMENTOS DE SUA VIDA, LEMBRE-SE ...

... DE QUE VOCÊ É COMPLETO NELE. E ELE É TOTALMENTE AMOR.

DEUS É DIVERTIDO

Outro equívoco

a respeito de Deus
é pensar que Ele não quer que a gente se divirta.

SE VOCÊ ESTIVER EM UM LUGAR DE ADORAÇÃO, A PRINCIPAL EXPRESSÃO QUE DEVE VER ALI SÃO SORRISOS. UMA CELEBRAÇÃO A DEUS NÃO PODE PARECER UM VELÓRIO.

FOMOS LIBERTOS DE UMA VIDA CAÓTICA E RECEBEMOS TUDO O QUE NOS CAPACITA A NOS DIVERTIRMOS NA VIDA. A BÊNÇÃO DE DEUS DESCANSA SOBRE NÓS TODOS OS DIAS, E ELA NÃO DEPENDE DO QUE NÓS FAZEMOS, MAS SIM DO QUE ELE FEZ.

SUAS AÇÕES SÃO
FUNDAMENTADAS

no estado atual

da sua ment

Você é a imagem do que as outras pessoas pensaram ou disseram de você, daquilo que você permitiu entrar em sua mente.

Comece

SORRINDO PARA SI MESMO

e para todos ao seu redor

NÃO COPIE,

SEJA O SEU

EU®

ORIGINAL

VOCÊ PODE OLHAR AS PESSOAS AO SEU REDOR E ACHAR QUE ALGUMAS DELAS SIMPLESMENTE "GANHARAM" UMA VIDA PERFEITA, MAS A VERDADE É QUE TODAS ELAS ESTÃO TRABALHANDO NO DESENVOLVIMENTO DAS ÁREAS DE SUA VIDA.

A CHAVE PARA UMA BOA VIDA É:

VOCÊ É O MELHOR,
ENTÃO VIVA O SEU MELHOR.

Uma criança perguntou ao pai: "Como as pessoas nasceram?" E o pai respondeu: "Adão e Eva fizeram bebês, então os bebês tornaram-se adultos e também fizeram bebês, e assim por diante." A criança foi até a sua mãe e perguntou a ela a mesma coisa, e a mãe respondeu: "Nós éramos macacos, então evoluímos até nos tornarmos como somos agora." A criança correu de volta para o pai e disse: "Você mentiu para mim!" E o pai respondeu: "Não, sua mãe estava falando sobre o lado dela da família."

Divirta-se! Sorria!

NÃO SEJA TÃO RELIGIOSO!

Madre Teresa

"DEVEMOS SEMPRE RECEBER UNS AOS OUTROS COM UM SORRISO, POIS O SORRISO É O COMEÇO DO AMOR."

Você quer ser a pessoa que entra em uma sala e ilumina o lugar com o seu

Sorriso?

QUANDO NOS COMUNICAMOS COM EXPRESSÕES FACIAIS, ESTAMOS ESSENCIALMENTE TRANSMITINDO UM PACOTE DE INFORMAÇÕES QUE PODE SER RECEBIDO, LIDO E INTERPRETADO POR OUTROS.

?

O que você está transmitindo em sua vida?

AQUILO QUE VOCÊ TRANSMITE É RECEBIDO POR AQUELES MAIS PRÓXIMOS

A VOCÊ:

Seu cônjuge
Seus filhos
Seus negócios
Seu ministério
Seus amigos

A vida de hoje é governada pelo medo. Todos os dias, as pessoas são bombardeadas por notícias negativas.

Nos contextos sociais, as caretas são mais frequentemente usadas para expressar diferentes emoções negativas, incluindo raiva e desgosto.

É fácil entender por que as pessoas estão com medo: elas vivem em um mundo no qual o medo está em todos os lugares.

HÁ ALGUNS ANOS TOM
UMA DECISÃO CONSCIEN
DE MUDAR MINHA MANEI
DE PENSAR, DO PENSAMEN
NEGATIVO PARA O POSITIV
TOMEI A DECISÃO DE S
DIFERENTE E DE NÃO SEGU
O PADRÃO DO MUNDO.

ESSA DECISÃO CONSCIENTE MUDOU A MINHA VIDA, O MEU DESTINO, O MEU FUTURO E TODOS OS QUE ESTÃO AO MEU REDOR.

O MELHOR DIA DA MINHA VIDA FOI O DIA EM QUE EU DECIDI SER DIFERENTE,

ser positivo.

UMA CARETA

VIRADA DE CABEÇA PARA BAIXO

é um sorriso.

O sorriso

RANSMITIDO CONSCIENTE OU INCONSCIENTEMENTE

é visto em todas as culturas como um sinal de amabilidade, especialmente quando se cumprimenta alguém. Caretas também são geralmente reconhecidas, mas como uma indicação de tristeza ou desaprovação.

Um sorriso

...parece surgir mais naturalment em algumas pessoas do que er outras, mas como qualquer hábit torna-se muito mais fácil com prática. A ação de sorrir levanta seu espírito e faz outras pessoa felizes – é uma expressão muit poderosa. Continue lendo par aprender a sorrir.

1. Pratique sorrir muito.

As pessoas que sorriem muito passam a sorrir sem esforço, o que geralmente faz com que aqueles ao seu redor se sintam felizes. Quando você praticar muito, sorrir se tornará mais fácil e você vai parecer menos tenso quando fizer isso. Pratique aquilo que você acredita ser o seu melhor sorriso. Logo, a sua confiança no seu sorriso aumentará e você começará a fazer isso sem pensar.

2. Sorria na frente de um espelho.

Olhe para fotos suas em que você está sorrindo de maneiras diferentes. Veja a partir de outros ângulos. Quais sorrisos e poses fazem o seu rosto se iluminar mais? Preste atenção em como esse grande sorriso é, para que você seja capaz de reproduzi-lo sem ter de olhar em um espelho.

3. Pratique sorrindo para estranhos, em qualquer lugar.

Basta fazer um breve contato visual com uma pessoa e sorrir. Ao fazer isso, tenha pensamentos felizes. Nem todo mundo vai sorrir de volta, mas observe como você se sente quando o fazem!

4. Sorria por amor.

Pense em alguém que você gosta (você pode ima ginar essa pessoa em pé na sua frente enquant sorri), ou em algo que você realmente gosta d fazer. É muito mais fácil demonstrar amabilidad descontração e sorrisos genuínos quando você am o que faz, quando você ama as pessoas ao se redor e quando ama a humanidade em geral. Sej grato por tudo o que tem e você perceberá que c sorrisos surgirão muito mais naturalmente.

5. Faça do seu sorriso algo genuíno

Embora seja perfeitamente possível abrir um sorris quando você se sente mal, está irritado ou fazend algo errado, sorrir nessas circunstâncias vai fazer a pessoas desconfiarem de você. Um sorriso verda deiro é muito mais difícil de falsificar.

6. Sorria quando normalmente você não o faria.

Você já segurou o seu sorriso temendo que as pes soas se espantassem com você? Sorrisos atraem atenção, mas é o tipo certo de atenção. No dia a dia grandes doses de sorrisos podem fazer do se mundo um lugar mais positivo.

Deus fez *a parte Dele.*

FAÇA A SUA

O PODER DE APERTAR O BOTÃO "LIGAR" DA SUA VIDA ESTÁ EM VOCÊ.

Há 53 músculos

denominados músculos de expressão facial. O sorriso utiliza doze desses músculos. Os doze músculos usados para fazer você sorrir são:

zigomático maior e menor (4), orbicular dos olhos (2), levantador do lábio superior (2), levantador do ângulo da boca (2) e risório (2).

Você sabia que para franzir a testa você utiliza apenas onze músculos? Mas as pessoas tendem a sorrir mais do que franzir a testa, por essa razão os músculos do sorriso estão em melhor forma.

ENTÃO DEIXE SEUS PROBLEMAS DE LADO, EXERCITE SEUS MÚSCULOS E SORRIA, SORRIA, SORRIA!

Cerque-se de humor

Assista a um filme engraçado, leia um livro bem-humorado ou ma história em quadrinhos, ou ouça seu comediante favorito. uando você estiver estressado no trabalho, tire dez minutos ara ler piadas na internet ou ouvir algo bobo em seu iPod.

Ria com um amigo ou colega

As pessoas tendem a rir mais em situações sociais, compar-lhando coisas engraçadas com um amigo; isso fortalece os elacionamentos. Além disso, o riso é contagiante e ver lguém sorrir pode fazê-lo sorrir mais do que você faria se stivesse sozinho.

Busque o humor na sua vida cotidiana

or que esperar para rir de uma situação que já passou? Não que esperando, procure o humor deliberadamente em qual-uer situação, mesmo as mais estressantes e desagradáveis, e esfrute de uma boa risada agora mesmo.

Ria de si mesmo

Zombe de seu próprio comportamento e manias. Como diz o itado: "Ria de si mesmo e o mundo rirá com você!"

O riso

É UMA PARTE DO COMPORTAMENTO HUMANO REGULADA PELO CÉREBRO,

MAS A FONTE É O SEU ESPÍRITO.

Crie uma atmosfera de felicidade,

crie pensamentos divertidos.

SORRIR É UMA REAÇÃO FÍSICA E INVOLUNTÁRIA EM HUMANOS.

Decida

TORNÁ-LA VOLUNTÁRIA.

LEMBRE TODOS OS DIAS:

VOCÊ É FEITO À IMAGEM E SEMELHANÇA DE *Deus.*

Você é um espírito – uma imagem do pensamento original de Deus.

Sua forma original é positiva, cheia de vida, cheia de energia. Sua imagem de si mesmo precisa ser positiva, para que você possa viver uma vida positiva.

O MELHOR DE DEUS ESTÁ VINDO EM SUA DIREÇÃO.

OS DIAS QUE VIRÃO DEPOIS DE HOJE SERÃO OS MAIS MARAVILHOSOS DE SUA VIDA, FAMÍLIA, NEGÓCIOS, MINISTÉRIO E/OU CARREIRA.

PORÉM... DIFERENTEMENTE *do sorriso,*

uma careta não parece ser socialmente contagiosa:

ver alguém fazendo uma careta não significa necessariamente que você irá fazer o mesmo. Mas ver alguém sorrir faz qualquer um sorrir.

UM SORRISO É MAIS
PODEROSO DO QUE UMA CARETA.

A LUZ É MAIOR DO QUE
A ESCURIDÃO.

O MUNDO POSITIVO É SUPERIOR
AO MUNDO NEGATIVO.

CERTA VEZ UM PREGADOR CAIU NO OCEANO, E ELE NÃO SABIA NADAR. QUANDO UM BARCO APARECEU, O CAPITÃO GRITOU: "VOCÊ PRECISA DE AJUDA, SENHOR?" O PREGADOR CALMAMENTE DISSE: "NÃO, DEUS VAI ME SALVAR." UM POUCO MAIS TARDE, OUTRO BARCO VEIO E UM PESCADOR PERGUNTOU: "EI, VOCÊ PRECISA DE AJUDA?" O PREGADOR RESPONDEU NOVAMENTE: "NÃO, DEUS VAI ME SALVAR." O PREGADOR ACABOU SE AFOGANDO E FOI PARA O CÉU. QUANDO LÁ CHEGOU, PERGUNTOU A DEUS: "POR QUE O SENHOR NÃO ME SALVOU?" DEUS RESPONDEU: "EU TENTEI. ENVIEI DOIS BARCOS, MAS VOCÊ DISPENSOU OS DOIS!"

QUE
ESTE LIVRO
SEJA UM BARCO

QUE IRÁ AJUDÁ-LO A TRANSFORMAR SUA CARETA EM UM *Sorriso.*

Então sorria e mude o seu mundo!

UM *Sorriso* GENUÍNO TRANSCENDE TUDO.

- RELIGIÃO
- POLÍTICA *até mesmo*
- FRONTEIRAS

NADA DISSO IMPORTA DIANTE DA SÚBITA EXPLOSÃO DE UM SORRISO INESPERADO.

UM SORRISO LIBERA ENDORFINA,

E ESSE SINAL DE FELICIDADE VIAJA POR NOSSO CORPO E CÉREBRO

e convence nosso interior

DE QUE ESTAMOS FELIZES, CONFIANTES E SATISFEITOS. E QUANDO NÓS DAMOS UM SORRISO GENUÍNO

PARA OUTRA PESSOA

UMA PEQUENA ONDA DE FELICIDADE É TRANSMITIDA.

TENTE ISSO

hoje.

NÃO IMPORTA O SEU HUMOR,

SORRIA.

E ENTÃO...

...SORRIA NOVAMENTE.

FAZER ISSO LIBERARÁ A BÊNÇÃO DE DEUS ATRAVÉS DE SUA VIDA PARA TODOS AO *seu redor!*

AUTOR
LESTER BELLO

TRADUÇÃO
SAMUEL MATOS

REVISÃO
IDIOMAS & CIA

DESIGN/ DIAGRAMAÇÃO
SAMUEL MATOS

IMPRESSÃO E ACABAMENTO
EDELBRA GRÁFICA

SAIBA MAIS
LESTERBELLO.COM

BELLO

BELLO, LESTER

B446 SMILE /
LESTER BELLO;

TRADUÇÃO DE SAMUEL
FONSECA DE MATOS
BELO HORIZONTE:
BELLO PUBLICAÇÕES, 201
64P. TÍTULO ORIGINAL:
SMILE

1. AUTO-AJUDA
ASPECTOS RELIGIOSOS.
2. PODER DO PENSAMENT
3. PENSAMENTO POSITIV
I. TÍTULO.

CDD: 158.1
CDU: 159.9

ISBN-978-85-8321-014